四 川 大 学 博 物 馆

四 川 大 学 博 物 馆

四川大学博物馆

Sichuan University Museum

带你走进博物馆

SERIES

四川大学博物馆 编著

文物出版社

目 录

Contents

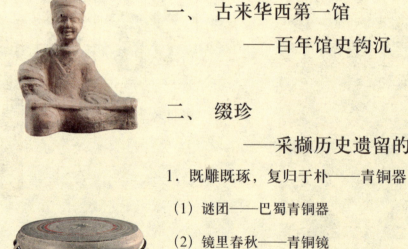
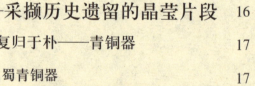
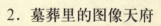

赠 言

　　未成年人将要承担中华民族伟大复兴的重任。关心未成年人的健康成长，关心他们的思想道德的建设是我们每个人的责任，各类博物馆不仅是展示我国和世界优秀历史文化的场所，也是未成年人学习知识，培养情操的第二课堂。

　　让这套丛书带你走进博物馆，让博物馆伴随你成长。

国家文物局局长 单霁翔

2004年12月9日

一、古来华西第一馆 —— 百年馆史钩沉

1914年6月的一天，成都市华西坝的荷塘开放了第一朵新荷，华西协合大学理学院的美国籍教授戴谦和（Daniel Sheets Dye）把学校出资收购的一件校钟，小心翼翼地放进了赫裴院二楼的储藏室。这就是中国西南地区的第一座近代博物馆——华西协合大学古物博物馆的第一件藏品。这座博物馆也就是今天四川大学博物馆的前身。

首任馆长戴谦和

原华西协合大学古物博物馆所在地赫裴院

带你走进博物馆

二十世纪三十年代铜器陈列

　　1933年春天，华大博物馆的工作人员在四川广汉一个叫燕家院子的地方进行了一系列考古发掘。这是历史上对三星堆遗址的首次发掘，开创了西南地区科学考古的先河。三星堆最早出土的一批玉石器，就是在这时成了华大博物馆的重要收藏。此后，博物馆在四川地区先后发掘了一批汉代墓葬、唐宋窑址，又多次深入到少数民族聚居地开展科学调查，入藏了大量在今天看来极其

带你走进博物馆

宝贵的文物，并对藏品进行了科学的记录和整理。在1922年到1946年之间，华大博物馆主持编修的大型英文学术刊物《华西边疆研究学会杂志》对当时的中国考古学、人类学、民族学等研究领域都产生着非常重要的影响。

二十世纪四十年代，著名考古学家郑德坤、闻宥两位先生先后出任华大博物馆的馆长。他们采用西方先进的科学管理理念，在展品的入藏、陈列和科学研究方面都有贡献。此后华大博物馆不时推出新的展览，还有配

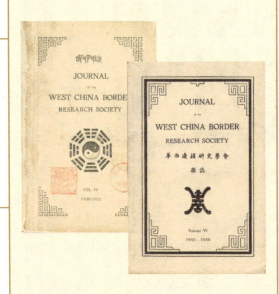
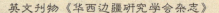

英文刊物《华西边疆研究学会杂志》

郭沫若1955年为博物馆题词

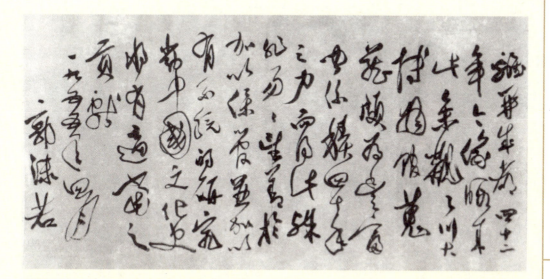

郭沫若题词

合展览的演出，在当时的成都常常是轰动全城的文化盛事。二十世纪五十年代，华大博物馆更名为四川大学博物馆。郭沫若先生来访时，对博物馆的收藏和陈列十分赞赏，欣然题词曰："川大博物馆收藏颇为丰富，闻系积四十年之力而得此，殊非易易！望善于加以保管并加以有系统的研究，对中国文化史将有适当之贡献。"

1984年，四川大学博物馆迁址并改造陈列。新的陈列突破了当时国内博物馆千篇一律的通史陈列方式，以文化、艺术、科学为纲，进行专题陈列。同时，改变了传统的藏品单一摆放方式，采用艺术化的复原式陈列，很快在全国博物馆界掀起了示范效应。

二十世纪八十年代三星堆考古调查现场

二十世纪八十年代馆内陈列

2004年，四川大学出资在学校东门外建起了崭新的博物馆楼群。新馆依傍秀丽的锦江，与望江公园为邻，总建筑面积达17000平方米，馆藏文物4万余件，成为目前全国高校最大的综合性博物馆。馆内常设的有考古学馆、石刻艺术陈列馆、民俗学陈列馆、民族学陈列馆、书画艺术馆、古代服饰艺术厅、古代瓷器艺术厅七个基本展馆，还会不时推出各种新的展览，常年面向全体社会观众开放。

带你走进博物馆

四川大学博物馆

其中，民族、民俗、书画、石刻、刺绣等方面的藏品至为丰富，不乏国内仅见的孤品。馆内常设展览既秉承以往宗旨，又体现出新颖的创造性思路。自开馆至今，佳评如潮。

四川大学博物馆内景

带你走进博物馆

民俗学展厅

服饰艺术展厅

书画艺术展厅

带你走进博物馆

石刻艺术展厅

二、 缀珍 —— 采撷历史遗留的晶莹片段

四川大学博物馆自建馆时起就本着"保存文化，扶翼教育"的宗旨，殚精竭力，在四川乃至整个西南地区广泛搜求各类有价值的文物。除了考古出土文物、诗文典籍、金石书画等大家熟知的历史文化遗物外，几代学者还能有意识地收藏一些平时不受人们重视的珍贵资料，例如当时普通人的衣食住行、婚丧嫁娶、娱乐消遣等方面的用品，西南少数民族日常生活用具，红军长征中和在革命根据地时使用过的各种物品……他们独到的眼光和远见卓识恰好与当今世界博物馆学界倡导的"为未来而收藏今天"的理念相契合。

1.既雕既琢，复归于朴
——青铜器

古代的青铜器历经岁月磨砺，其古旧的色泽总能勾起我们对历史的追忆。在中国，这种美观大方的材质早在夏、商、周时就被京畿地区的王公贵族用来制作祭祀用的礼器和战争中的武器，正所谓"国之大事，在祀与戎"。与此同时，四川地区的巴蜀文明蓬勃发展，形成了与中原有别的另一支文化，其青铜器也表现出独特的艺术魅力。秦汉以后，青铜礼器和兵器逐渐稀少，青铜更多用于铸造铜镜、印章等实用的器物。

(1) 谜团——巴蜀青铜器

巴蜀文化主要分布在四川省境内，时间从商代后期延续到战国晚期，是沟通古代黄河流域和西南边疆文化的桥梁。春秋战国时期四川、重庆地区的

带你走进博物馆

青铜器，绝大多数是巴、蜀两个民族的遗物。在巴蜀青铜器上我们经常会看到诸如手心纹、蝉纹、虎纹等符号，它们是辨识巴蜀青铜器的重要标志。这些符号被统称为"巴蜀图语"，它们究竟是文字，是部族徽号，还是图腾标志，学者们一直争论不休，目前还没有定论。

战国扁茎无格柳叶形铜剑

此剑出土于四川成都，大约制造于战国时期（前475~前221年）。剑身呈柳叶形，前锋尖锐，中脊隆起，后段两面阴刻虎纹。茎部扁，上下各有一穿。"穿"其实是为了用绳子把木柄捆绑固定在茎上而设的穿孔。

战国三角援铜戈

戈的主体部分叫做"援"，和长

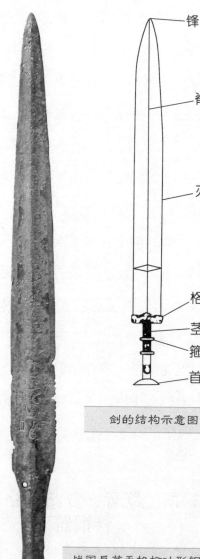

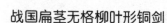
剑的结构示意图

战国扁茎无格柳叶形铜剑

战国三角援铜戈

木柄连接的部分叫做"内"。这件铜戈的援为等腰宽三角形，上面刻着巴蜀图语的符号。历史上巴蜀的军队曾经加入周武王伐纣的大军，冲锋陷阵，所向披靡，对西周王朝的建立作出了贡献。这种三角援戈作为他们常用的武器不仅发现于四川，在河南安阳及陕西、山西等地也有出土，形象地见证了这段历史。

战国长胡直内三角援铜戈

这件铜戈的形态要比前一件更接近常见的戈，因为在它的援的侧面下方有一个延伸出来的部分，叫做"胡"。

这件戈的胡较长，上有一个阴刻虎纹。胡与援相接之处，正反面皆刻一兽面纹。在这些纹饰的下面有三个长方形的穿，内的正中有一个三角形的穿。此戈的援脊上有一道血槽，这样戈就可以更顺利地刺入敌人的身体。

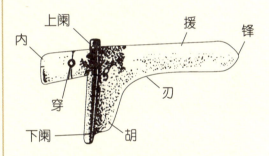

戈头结构示意图

战国长胡直内三角援铜戈

带你走进博物馆

战国长胡直内三角援铜戈

战国长胡直内三角援铜戈

这件戈的援部中脊隆起，胡上有三个长方形穿，胡与援相接之处正反面皆刻一虎纹。虎纹在巴族文字符号中十分多见，这或多或少暗示了这件铜戈的归属。但这件铜戈的形态却与中原地区的戈相差不远，这从一个侧面说明了巴蜀文化与黄河流域文化的交流，同时也预示了日后的全国统一。

战国虎纽錞于

錞于是一种军乐器，目前仅发现于四川及长江流域地区。这件錞于通高71.5厘米，出土于重庆市万州区。整体略呈桶状，横截面呈椭圆形。圆肩、直腰、中空。顶部有盘，盘面正中有一虎形纽。虎纽四周阴刻人头纹、回形纹、船纹、鸟纹、手心纹、几何纹、鱼

战国虎纽錞于

虎纽周围的巴蜀图语

纹、虎纹、云纹及四蒂花纹等十余个巴蜀图语符号。这是目前发现这种符号最多的巴蜀青铜器。

战国巴蜀图语圆形铜印

由于巴蜀图语尚无法破解，我们也就无从得知这件铜印属于什么人，有什么样的用途。这件印为圆形，球形纽，纽上有一小圆穿。印面阴刻三个巴蜀图语符号，一侧为龙形纹，另一侧为"王"字纹和倒三角纹。

战国巴蜀图语圆形铜印

圆形铜印上的巴蜀图语

方形铜印上的巴蜀图语

带你走进博物馆

战国巴蜀图语方形铜印

这件印为正方形，印面阴刻三个巴蜀图语符号，依次为弓形纹、人形纹和"8"字形纹。

已经发现的巴蜀图语符号超过二百种，这些玄妙的象征符号总有一天将带领我们揭开古巴蜀文化的面纱。

（2）镜里春秋——青铜镜

明代晚期玻璃镜传入之前，中国古人或以青铜为镜，或用铜鉴盛水来照面饰容。西亚和中国是世界上最早制作青铜镜的地区。西亚铜镜往往为圆形，有较长的柄；中国铜镜大多镜背设纽，以穿绦带，镜背上铸有华丽的图案或吉祥的语句。在中国文化中，铜镜有着丰富的寓意，既可以用来形容明察事理的敏锐，也可以借指夫妻离散后的相遇相合，如"镜见"、"破镜重圆"等。大诗人李白吟道："不知明镜里，何处得秋霜"。不仅明亮的镜面见证了红颜老去、物是人非，铜镜背面的纹饰变化更反映了改朝换代之间人们审美趣味的变迁。

战国蟠螭纹铜镜

战国是铜镜发展的第一个兴盛期，这件蟠螭纹铜镜就是其中比较典型的一件。这是一件圆形镜。三弦纽（也

战国蟠螭纹铜镜

称川字纽）、圆纽座、卷缘。环绕镜纽，装饰着屈曲盘绕的小龙，这就是蟠螭纹。战国铜镜的纹饰是在陶模上刻出花纹来铸造的，所以就形成了这种浅浮雕的效果。

东汉高浮雕龙虎纹铜镜

汉代（前206~220年）是铜镜继战国之后的又一次大发展时期。这件东汉时的高浮雕龙虎纹铜镜为圆形、球形纽、圆形纽座、宽镜缘。环绕镜纽装饰着高浮雕龙虎纹，龙、虎相向作咆哮状，中间有阳文汉隶"青盖"二字。镜缘饰锯齿纹和水波纹。这种铜镜也可以叫做"神兽镜"，是汉代出现的新式样。

汉代禽兽规矩纹铜镜

四川大学还收藏了一件出土于河

东汉高浮雕龙虎纹铜镜

汉代禽兽规矩纹铜镜

带你走进博物馆

南洛阳的汉代禽兽规矩纹铜镜，这面铜镜为圆形、球形纽、圆形四叶纹纽座，镜缘较宽。镜体分内外两区，内区环绕镜纽饰有十二个乳丁纹，乳丁之间各有一个篆书刻写的地支名称；外区装饰禽兽规矩纹，再外一圈篆书铭文，为"尚方作竟真大巧，上有仙人不知老，渴饮玉泉饥食枣，浮游天下敖四海，寿如金石国之保"。镜缘饰一圈云雷纹和锯齿纹。镜上的铭文反映了汉代人对神仙生活的憧憬与想象。学者们还考证出，所谓"规矩纹"原来是"博局纹"之误，镜背上"T"形、"L"形和"V"形的符号其实就是古代玩博戏的棋局纹样。

汉代禽兽规矩纹铜镜

另一件汉代禽兽规矩纹铜镜出土于陕西，为圆形，球形纽、圆形纽座、宽镜缘。镜背分内外两区，内区环绕镜纽为十二乳丁纹和十二地支名，外区为八乳丁禽兽规矩纹。镜缘饰两道锯齿纹和一道水波纹。河南洛阳和陕西西安在汉代属于著名的"东都"和"西都"，这两处的铜镜作工都十分精良。

唐代花鸟纹葵花镜

铜镜制作在唐代（618~907年）又

汉代禽兽规矩纹铜镜

唐代花鸟纹葵花镜

进入了另一个高峰期。这件铜镜出土于河南洛阳。在球形纽的两边,一对尾羽华丽的禽鸟口衔绶带,相对站在茂盛的花卉中,仿佛振翅欲飞。镜纽上方饰有一朵花卉,下方则是禽鸟与花卉的组合。镜缘装饰着八朵形态各异的花卉,镜子本身也是花的形状,这都是唐代的新式样。

2.墓葬里的图像天府
——汉代画像石·画像砖·俑

早在东汉时期(25~220年),成都平原就已经享有"天府之国"的美誉。今天在这片土地上,我们发现了大量建于那个时期的画像石墓和画像砖墓。这些墓葬的主人大多属于当地的富家大户,墓室的墙壁、墓门、墓顶、墓柱上常常装饰着画像石、画像砖。死者生前拥有的仆人、房屋、家畜等,则被

石刻艺术馆展厅

带你走进博物馆

塑成陶俑作为陪葬。两千年前人们的行止起居、欢乐忧愁以及他们对人生的理想、对神仙世界的想象等等，就通过这些砖石雕刻、泥人陶俑在我们面前铺展开清晰的画卷。

（1）桑间濮上

东汉弋射收获画像砖

弋射收获画像砖是四川大学博物馆最著名的藏品之一，它在上世纪中叶出土于成都西郊。砖面呈现不太规则的正方形，大约50厘米见方，砖面上十分生动地再现了东汉时期成都平原一带的农业生产和生活情景。画面分上下

两个部分。上部刻画夏日里的弋射场面：水塘里莲荷盛开，水禽嬉戏，硕大的鱼儿游于水中，水边的树下，两个人对着空中的飞鸟拉开了弓弩。他们的身子向后仰着，手中的弓拉成了满月的形状。鸟儿们似乎察觉到危险，瞬间乱了

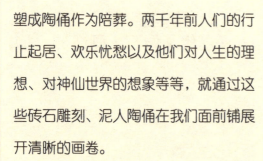

东汉弋射收获画像砖

东汉画像石函

阵营，向着不同的方向惊惶飞散。画面下部刻着收获的场面：刈谷草的农夫把镰刀高高扬过了头顶。在他们身后，三个人弯着身子拾捡稻穗。田陇上，一名女子肩荷着谷草，手提着篮子，篮子里或许就是农夫们中午的餐饭。

东汉秋胡戏妻石函画像

这幅画面属于一件石函，它出土于四川新津东汉崖墓，是用整块红砂石凿成的，长达218厘米，有73厘米高，石函盖已经缺失。石函上雕刻着非常丰富的图案。

石函的前挡板上雕刻着高大的门阙，后挡板上雕刻着神木和相对而立的朱雀。侧板一端刻着两个相对的人物，表现的是鲁秋胡戏妻的故事。鲁国人秋胡在新婚后不久就去外地做官。几年后

带你走进博物馆

石函后挡板

夫是如此不忠不义的人，愤怒而又伤心，于是投河而死。这个故事记载在《古列女传》中，著名的京剧剧目《桑园会》也是对它的演绎。在山东、河南等地的汉代画像砖、石上也可以找到这个故事，而四川大学博物馆所藏的这一幅被认为是造型最优美生动的。

石函侧板秋胡戏妻故事画

的某个春日，他在荣归故里的途中看见一个美丽的女子正在采桑。于是他停下马车，试图用黄金诱使女子跟自己一起回家，但却遭到了义正辞严的拒绝。秋胡回到家中不久，他的妻子采桑归来，秋胡一见大为羞愧，原来这正是他在桑园里调戏的那个女子。他的妻子看到丈

（2）贵族生活

东汉宴乐观舞画像砖

在汉代，贵族官吏、地主富人过着相当奢华的享乐生活，正像文献中所说的："妖童美妾，填乎绮室；倡讴伎乐，列乎深堂。"画像砖、画像石中可以找到很多对这种生活的描绘，这幅砖画就是其中之一。古人讲究"钟鸣鼎食"，享受丰盛食物的同时，还要听着音乐、观看表演。我们看到在画面中间摆置着各种饮食器具，显示出宴会正在进行。画面上方有一男一女同席而坐。侧面踞坐的两人一

人抱琴弹奏，身子微仰，似乎沉醉于琴音；另一人左手拢鬓，发皓齿，启清歌。在他们的前方，一位舞者挥袖翩跹，与之相对的人则屈身击鼓。汉代的宴会有酒酣之时主人起舞助兴的习俗，或许这位举止雍容的起舞者就是宴会的主办者也未可知。

东汉宴乐观舞画像砖

带你走进博物馆

东汉观伎画像砖

汉代的宴饮场面中经常可以看到乐舞百戏，这实际上是舞蹈、音乐、歌唱、体育、杂技、幻术等多种娱乐形式的综合表演。画面上，仪容端庄的主人坐在榻上，周围环绕着乐师，面前摆放着杯盘酒樽等物。宴酣之际，舞乐乍翻。有人击鼓为节，有人吹响了排箫。画面上方，两个男子裸着上身。一个向空中轮番抛掷五枚弹丸，表演"跳丸"杂技。另一个右手握剑，左手向空中抛出一个瓶子，表演"踢瓶"。画面下方有纤腰的女子起舞，女子举足倾身，回眸之间，手中的丝带随之翩然飞起。

东汉观伎画像砖

带你走进博物馆

东汉宴集画像砖

这方画像砖刻画了七位衣冠楚楚的人物相对饮酒，姿态各异。左思写的《蜀都赋》有言："合樽促席，引满相罚，乐饮今夕，一醉累月。"这段文字在画面中得到了形象的再现。

东汉轺车卫从画像砖

车马出行是四川东汉画像砖中最常见的一种题材，它展示了墓主人生前显赫的地位。画面中用流畅简练的手法刻画出一乘轺车。车前骏马奔腾。坐在轺车前方手中执辔的应该是御者，官吏则端坐在后。车后紧随的骑手应该是官吏的下属。在画面上方，一组线条粗犷的卷云纹饰带与下面的车骑行列相呼应，令人有风烟四起之感。

东汉宴集画像砖

东汉轺车卫从画像砖

带你走进博物馆

东汉双阙迎谒画像石

车马出行的画面在画像石上也很多见，此石出土于四川新津附近，是一件石函的侧面。画面中车马的排场比画像砖上更为盛大：高大的辎车以四个伍伯为前导，正要驰入高挺壮丽的重檐子母双阙之中，双阙中间则是捧盾恭立的亭长。亭长是地方上的小官，如果来了尊贵的客人，他就要捧着盾站在路旁迎接。

（3） 神仙世界

东汉西王母画像砖

在早期的《山海经》里，西王母本来是一位半人半兽、喜欢吼叫的凶神。汉代时却被人们想象成了掌管长生不死之药的神仙，形象自然也变成了慈祥温柔的贵妇，后世则渐渐演变成了大家熟知的王母娘娘。在神仙题材的汉画

东汉双阙迎谒画像石

中，西王母的形象最为常见。这块画像砖出土于成都西郊，是典型的四川汉代西王母图像。西王母头上戴着胜杖，端坐在龙虎座上。她的头上张开着一顶华盖，周围萦绕着祥云仙气、灵芝仙草，身边有神兽和侍从的陪伴，其中的三足鸟、九尾狐、玉兔、蟾蜍都是西王母身边常见的神兽。

带你走进博物馆

东汉西王母画像砖

四川大学博物馆

带你走进博物馆

东汉仙人六博画像石

六博是一种棋类游戏，相传是在春秋时代由老子发明的，魏晋之后逐渐失传，具体玩法今天已不可考。在汉代，六博非常流行。不分南北，无论男女，迷上博戏的人往往"废事弃业，忘寝与食，穷日尽明，继以脂烛"。当这种游戏发展到"意钱之戏"时，"赌博"就诞生了。

这件仙人六博画像石出土于四川新津，用浪漫的手法刻画了人们所向往的神仙生活。工匠用减地浅浮雕加上线刻，把博戏时骰子掷出后失败一方无可奈何，得胜一方振臂欢呼的瞬间神态刻画得极具感染力。特别值得注意的是神树下仙人的面部处理，几千年前的中国工匠在才情上并不输于现代派的艺术大师，在侧面的脸上同时刻画出了正面才能看到的五官，这种表现方式我们在两千年后的皮影雕刻上还可以找到。

东汉仙人六博画像石

34

（4）泥塑土偶，宛然如生

东汉抚琴俑

这件出土于四川的抚琴俑为泥质黄陶，是用前后合模的方法制成的。他身着广袖长袍，一手拨弦，一手抚琴。俑的面部比较模糊，因而呈现柔和的笑容，这其实是模制陶俑的共同特点。在东汉时期的四川地区，带有这种笑容的陶俑非常多见。

东汉听琴俑

另外一个俑人仿佛听到了空中传来的琴音，头颈向后微仰，一副如痴如醉的模样。相对于京畿大墓出土的俑群中那些拘谨刻板的形象，同一时期四川地区的这些模制俑更富有生活气息。

东汉抚琴俑

东汉听琴俑

带你走进博物馆

东汉双人物俑

双人物俑背面

东汉双人物俑

这件双人物俑勾勒出了一个有趣的生活场景，应该是对宴会上醉态的表现：女子头挽高髻，身体微倾，双手搀扶着男子；男子醉意正浓，步态蹒跚。为什么要将这种场景放置在墓穴中？是人们对死后享乐生活的想象吗？这一点我们还不得而知。

3. 梵像西来——佛教石刻

东汉之后，佛教进入中国，大量的西域僧侣入华传教，带来了让人耳目一新的观念和形象。所以，南北朝时期的佛教造像总体表现出中西合璧的艺术倾向。相较于北朝造像粗壮的形体、古朴的风格，南朝造像一般形体消瘦、气韵优雅娟秀，汉化程度较北方更甚。唐代造像则普遍呈现出圆熟洗练、饱满瑰丽的天朝上国气度。

（1）遗珠——两件南朝背屏式造像

南朝（420~589年）的各代帝王大多崇信佛教，梁武帝（502~548年在位）更是一个极其虔诚的佛教徒。上行下效，梁代成都地区不仅广建佛寺，而且十分流行发愿造像的风俗。四川地区年代明确的南朝造像发现不多，因此，四川大学博物馆早年收藏的两件带有纪年的南朝造像尤其显得珍贵。

梁代释迦造像

此像制作于梁代中大通四年（532年），高25厘米，为红砂岩质背屏式造像，上部已残。正面主像为一立佛，两侧分立有菩萨、弟子、力士等，背面有

梁代释迦造像

释迦造像侧面

释迦造像背面

众比丘及供养人像。造像的两侧面各刻一尊持物神王像，神王有圆形的头光，披发齐肩，双手握着一件棍状物体。造像背面分为上、下两段，上段为相对的两列供养人像，下段为阴刻发愿文，铭文大意为：梁中大通四年八月一日，繁东乡齐建寺一位名叫显的和尚，发心为自己及亡故的父母雕造此像，愿自己能生生世世做出家人，远离世间一切苦难，得到解脱之乐。并愿所有逝者升天，活着的人生活安定。

梁代释迦双身像

此像高25厘米，为红砂岩质背屏式造像，上部残损，雕造的时间是梁太清三年（549年）。正面主像为并坐的释迦双身像，像的两侧及下方分别雕刻出一梵王、二菩萨、四弟子、二力士。

莲台台座下方两侧各卧有一头狮子，狮头朝向不同的方向。造像的两个侧面，各雕刻有一尊持物神王像。造像背面下部阴刻发愿文，铭文大致讲的是：梁太清三年七月八日这一天，一位名叫丁文乱的佛门弟子为自己亡故的妻子苏氏捐资雕造释迦双身像，希望亡妻能够去往西天净土世界，并保佑儿孙安康、所有美好的愿望都能实现。

梁代释迦双身像

带你走进博物馆

释迦双身像发愿文

（2）盛唐气象——邛崃龙兴寺石刻造像群

在唐代的中国，很多地方的寺庙都叫做龙兴寺，这往往是皇帝给寺庙赐名或改名的结果。唐中宗李显（684年、705~710年在位）在705年恢复国号为唐以后，曾经下令在每个州都设立"中兴寺"，后来因为"中兴"一词含有对武则天（684~705年在位）称帝一事的否定，便都改成了"龙兴寺"。这类被皇帝赐名的寺庙一般规模比较大，寺中通常供奉着大量的佛像、经幢，或者供养人的像。这些造像多是佛教信徒们为了给自己或自己的父母亲人作功德而捐钱雕造的。1947年秋季，四川地区发了一场大水，在距离成都一百多公里的邛崃县城西靠近河岸的地方，冲刷出一批石刻造像。原华西大学博物馆成恩元先生等人闻讯前往收集，并进行了发掘，陆续找到石刻造像等约二百多件文物。后来根据石刻上面的文字，推测当时的寺庙也是一座"龙兴寺"。此寺可能建立于初唐，兴盛于中唐以后，唐会昌五年（845年）灭佛运动之后还兴旺过一段时间。至于该寺在何时、因何故被毁，目前尚无定论。邛崃龙兴寺的这批单体石刻造像采用四川地区常见的红砂岩雕刻而成，大多数表面涂有白色颜料。总体而言，雕工精细，造型优美，充分显示出唐代雕刻技艺的成熟，具有很高的艺术水平和研究价值。

唐代龙兴寺菩萨立像

这尊单体菩萨立像通高198厘米，是这批石刻造像中最精美的一尊。菩萨高冠螺发，面相丰满圆润，双目平视，嘴角略带笑意。纤腰内收，轻薄的衣料紧贴身体，璎珞繁复华丽，腰间悬挂的帛带垂至脚背。菩萨的神情体态有着超出尘世的端庄优雅，精致的衣饰和特意强调的修长身躯又颇具世俗之美，正是典型的盛唐造像风格。更令人惊叹的是，这尊造像虽然已经断了双臂，褪了颜色，却似乎更能催生我们无限的遐思，如同西方的断臂维纳斯，有着一种"残缺的古典美"。

唐代龙兴寺菩萨立像

带你走进博物馆

带你走进博物馆

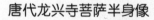
唐代龙兴寺菩萨半身像

菩萨半身像侧面

唐代龙兴寺菩萨半身像

　　这尊造像仅残留上半身，高42.1厘米。菩萨头戴联珠纹花蔓高冠，身着僧祇支，披着珠宝串缀的璎珞。右手握着的物体已经残损，可能是一茎莲花。菩萨的面颊线条极其柔和，修眉细目，敛容徐徐，温暖而安详，引人久视不舍移目。人类所追求雕塑之"古典的静穆与伟大的单纯"，或许不过如此。

唐代龙兴寺佛顶尊胜陀罗尼经幢

经幢起源于印度，外形似塔，上面一般刻有《佛顶尊胜陀罗尼经》等经咒。相传每当阳光照耀在经幢上再折射到人的身上，又或是经幢上的尘埃随风飘落到身上，都相当于此人颂经一遍。唐代以来，经幢在民间寺院非常流行。

此幢为唐大中十三年（859年）制作。出土时幢顶和幢身已残断。残缺的幢体高49.8厘米。基座为正方形，上立须弥座，束腰以下为两层台阶，均为八面，每面有莲瓣形小龛，龛中刻鸟兽图案和伎乐人物。束腰处每面刻方形小龛，龛内刻禅定佛。束腰上为八面形平台，台上置仰覆莲须弥座，座上为八面柱体幢身，幢身上刻《佛顶尊胜陀罗尼经咒》。幢身四面有四位天王护幢。

唐代龙兴寺佛顶尊胜陀罗尼经幢

带你走进博物馆

带你走进博物馆

唐代龙兴寺菩萨头像

这件头像残高23.8厘米，表面有彩绘痕迹。菩萨头戴联珠纹花蔓高冠，饰有三个圆形宝珠，宝珠周围装饰着忍冬卷草纹。高挽的发髻前又饰有一个较大的椭圆形宝珠，绕以忍冬卷草纹。耳垂长大，耳上佩珰。菩萨面相秀润威严，双眉细长，眼神低俯，似含无限悲悯。

唐代龙兴寺坐佛像

这件佛像高32.9厘米，头上为磨光高肉髻，面短而宽，粗眉隆鼻，双目深陷，嘴唇丰厚。内着僧祇支，外披袈裟。小腹微微隆起，右手上举，左手抚膝，赤足踏在两个小莲台上。坐下为须弥座，束腰处刻莲瓣形饰，须弥座下有方形平台。值得注意的是，这尊佛像采

唐代龙兴寺菩萨头像

用了垂腿而坐的姿态。在汉代和更早些时候，中国人几乎都是跪坐在地上的，外来民族的垂腿坐法通常被认为不雅。汉唐以降，随着高足家具的普及，垂腿坐才逐渐变成中国人的习惯。

唐代龙兴寺毗沙门天王像

四大天王包括东方持国天、西方广目天、南方增长天和北方多闻天。他们各自代表东、西、南、北四方，是佛教中镇护国土、拒退怨敌的护法神，他们在唐代通常的形象是身穿铠甲，脚踏夜叉。其中的北方多闻天王又叫毗沙门天王。

这尊毗沙门天王像高71.9厘米，面相丰润清秀，竖目圆睁，威严地站立在台座上。他头上戴着

唐代龙兴寺坐佛像

高方冠，身上穿着明光甲，下面是护腿长鞠靴。若非足下踏着小鬼，这尊天王的装束就和当时的普通武将没有太大差别。唐代天王造型的世俗化，正反映着当时佛教作为一支外来的宗教与中国传统思想日益融合的现象。

4. 清水琉璃——陶瓷器

陶瓷器是我们日常生活中最常见的物品，由于它容易损坏，考古学家经常用它来作为判断年代的依据。陶器是用黏土做成型，再经过700~800度的高温烧制而成的，表面

唐代龙兴寺毗沙门天王像

通常不上釉。瓷器则是用光滑细腻的瓷土做胎，经过1200度以上高温烧制而成，器表有高温玻璃质釉，光滑莹润。中国是世界上最早烧制陶瓷的国家之一。

（1）西蜀三彩

四川地区两处窑址的发现开创了窑址发掘的先河，其中一处是邛崃县城外的十方堂窑，另一处是成都南郊的琉璃厂窑。二十世纪三十年代，华西大学博物馆对这两处窑址做了考古调查，收集了一批珍贵的文物。后来，考古学界把四川唐、宋时期邛窑生产的三彩器叫做"邛三彩"，以区别于中原的"唐三彩"，十方堂窑就属于邛窑。而琉璃厂窑深受邛窑工艺影响，在明代生产的三彩琉璃陶器，被人们叫做"明三彩"。

琉璃厂窑还是烧制明器的地方，最有代表性的是宋三彩和明代的绿釉瓷俑。

唐代三彩鹅杯

这件三彩杯高6.5厘米、长12.5厘米，色彩富有流动感。杯体做成鹅形，鹅回首衔着尾羽，莲蓬形状的尾羽展开，就成了酒杯的杯口。动物的形象和实用的器物创造性地结合在了一起，显得别具匠心。

唐代三彩鹅杯

带你走进博物馆

唐代三彩胡人抱角杯

唐代与西域民族往来频繁，胡人的形象在艺术品中也非常多见。这件作品中，高鼻深目、胡须卷曲的胡人跪坐在地上，双手紧紧抱住一只和他身体差不多大的角杯。此杯为酒器，高16.5厘米，倒入角杯的酒可以流入中空的胡人

唐代褐绿彩釉三足镢

的身体，巧妙地增加了杯子的容量。

唐代褐绿彩釉三足镢

镢即是一种大口的锅。这件镢高17.2厘米，大口鼓腹，有三个兽爪形的足。上绘褐绿彩草叶纹和联珠纹。联珠纹是典型的外来纹样，南北朝的时候传入中国，在唐代已经被广泛使用在各种地方。

唐代三彩胡人抱角杯

（2）瓷韵流芳

元代绞釉碗

唐代极度繁荣的文化艺术，催生了许多空前的瓷器种类，如花釉、绞胎等。绞胎是以白、褐或黑、褐二色的瓷土重叠拉坯，从而形成变幻无穷的图案纹饰，密而不乱、繁而有序，予人神秘莫测的视觉感受，是施釉技术的一种新突破。绞胎器在唐代盛行，宋元明清以后直到现代仍有仿制，但数量不多。

这只元代（1271~1368年）的绞釉碗，高6.5厘米、口径12厘米、足径4厘米，既有绞釉的特别韵味，又有胎体厚重、造型古朴的时代风貌。

清代五彩天王罗汉观音瓶

清康熙年间（1662~1722年），五彩瓷的烧制工艺已相当成熟。这件五彩天王罗汉观音瓶是康熙年间景德镇瓷窑烧造的彩瓷精品。瓶高46厘米。器身彩绘了近二百位罗汉，四大天王也簇拥其

带你走进博物馆

元代绞釉碗

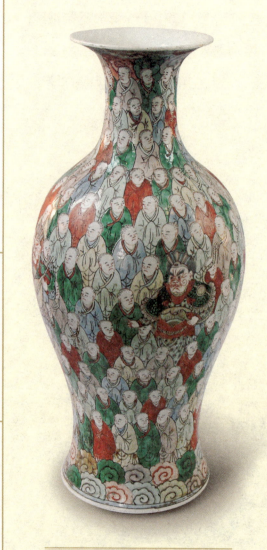

清代五彩天王罗汉观音瓶

中。瓶的撇口与近足处装饰五彩云纹。"观音瓶"则是专指瓶的外形式样而言。此器胎质细密，造型饱满规整，人物虽多，布局却有条不紊，形象鲜明。用色以青红二色为主，亮丽不俗。

清代里白釉外胭脂红高足碗

高足瓷碗兴起于元代，是蒙古人偏爱的器形。清代满族统治者崇尚元蒙文化，这时烧造的高足碗常常用来赏赐蒙古的王公贵族。这件高足碗是一件官窑（御窑）精品，由景德镇窑烧制于雍正年间（1723~1735年）。通高11.4厘米、口径15.7厘米。圆唇、弧腹，柱状高足，足底略向外撇出。胎质洁白细腻，釉色为纯正无瑕的胭脂红，通体一色。足的内壁下方有青花楷书"大清雍正年制"款。

清代里白釉外胭脂红高足碗

高足碗年款

清代白釉观音立像

  中国古代，对于观音的信仰广泛流行于民间。观音的偶像因而大批量地涌现，或为泥塑木雕，或为铜铁浇铸，明代以后民间流行瓷质的小型观音像。

清代白釉观音立像

带你走进博物馆

带你走进博物馆

福建德化窑生产的白瓷观音可说是此中精品。这尊立像高24.5厘米。观音菩萨双目低垂，嘴角含笑，右手施法印，左手持如意，璎珞披垂，衣纹流转，妙相庄严。瓷质如同凝乳，微泛浅青，更添冰清玉洁之感。

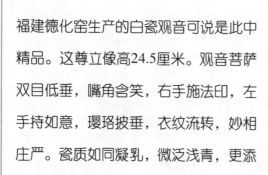

5．疏影横斜
——元、明、清书画精品

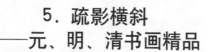

数千件宋、元、明、清各个时期的书画珍品，是四川大学博物馆最值得骄傲的收藏之一。其中尤以明清至近代作品为主，包括这一时期的许多重要流派及著名书画家作品。

（1）山水中的文人情怀

清代的画家恽南田曾经在一幅山水画上题写道："写此云山绵邈，代致相思，笔端丝纷，皆清泪矣。"中国人无论是描绘名山大川、田野村居还是城市园林、楼宇舟船，从来都不是照相式的照搬眼前景物，而是要在画中表现出自己对整个宇宙自然的认识，或者寄托自己的理想、愿望与情感，文人士大夫们尤其如此。

元代黄公望、王蒙合作山水图轴

山水画是元代最兴盛的画科。元代中后期的黄公望、王蒙、吴镇、倪瓒四位画家被合称为"元四家"。他们都以善画山水著称，画风苍润秀逸，对明清两代的山水画产生了重要影响。川大博物馆珍藏的由黄公望（1269~1354年）、王蒙（约1308~1385年）合写的山水作品，是当今世上绝无仅有的一件这两位大师的旷世合作，被评为国家一级文物。

至正元年（1341年）八月的一天，在上杭学画的王蒙与黄公望不期而遇。二人饮酒论画，盘桓数日。时值深秋，山中松青枫红，烟霞变幻，气象万千。两位画家逸兴遄飞之际，挥毫合写云山秀色，并在画上题记一则，细说这段佳话。画中多处用干笔皴擦，用笔密集，繁而不乱。近景画得极其精致，随着空间的推远，景致渐渐疏淡。黄公望"平淡天真"的风骨，和王蒙"渴墨繁密"的特色，在作品中浑然一体而又清晰可辨。当时黄公望已届七十二岁高龄，而王蒙尚为三十出头的青年才俊。六百多年前的一场忘年会，书酒风流，令人临风怀想，不胜追慕。

带你走进博物馆

元代黄公望、王蒙合作山水图轴

明代文徵明秋日山居图轴

明代的山水画家不少继承元代文人画传统，追求自然平和的格调，"吴门四家"的领军人物文徵明（1470~1559年）就吸取了王蒙的画法。文徵明与"吴门四家"的另一画家唐寅同年，但经历与性格完全不同。唐伯虎一生坎坷，性情狂放，画风中不掩锋芒。而文徵明一直过着比较优裕的生活，性情温柔敦厚，画风也细腻温雅。他享年高寿，弟子儿孙之辈跟随他学画的很多，所以文氏一门影响明代画坛达百年之久。

文徵明在五十七岁辞去翰林待诏的官职，回到家乡苏州。他为自己建起了一座"玉磬山房"，终日在这里以书画自娱，秋日山居图轴就是他这种生活的写照。在这件小幅画作中，丛竹、湖

明代文徵明秋日山居图轴

水、屋篱，乃至山峰，都用相当纤细的笔触勾勒，是他晚年细笔画风的代表。

画中山石的块面用蓬松的牛毛皴勾勒，远山用极淡的水墨渲染，俨然夕阳在山，景物虚渺。茅屋里凭几读书的是画家本人，屋内别无长物。屋外有一案，案上摆着一盆花。我们很难想象这位封建士大夫的家中会真的清简寒素如此，然而画中的情态是安谧极了，绝俗极了，这应该是画家所追求的一种理想意境吧。画上自题："嘉靖壬子（1552年）八月既望，仿叔明笔意写于玉磬山房。徵明时年八十又三。"钤着"徵"、"明"朱文联珠印。

清代王翚山水图轴

继"元四家"、明代"吴门四家"之后，清初又出现了四位并称画坛的画家，即王时敏、王鉴、王翚、王原祁，他们被称为"四王"，是清代正

清代王翚山水图轴

带你走进博物馆

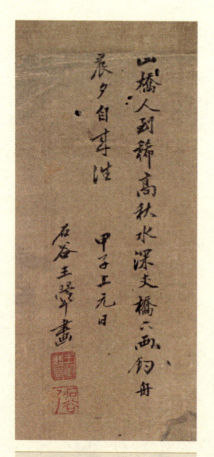

王翚山水图轴自题诗

这幅浅绛山水作于康熙甲子年（1684年），正值画家五十多岁的盛年。构图从宏观取势，远景为高耸的山峰，山脚下寒泉奔涌，平湖清旷，楼台庭院依水而建。近处几株古松拔地而起，枝干盘屈如龙，藤萝飘垂。这是画家理想中可观，可游，可居的山水。楼台边的读书人是画家心目中自己的影子，湖上垂钓的渔翁也可视为自己的写照。画上有自题五言诗一首，落款为"甲子上元日，石谷王翚画"。下钤"王翚之印"白文方印、"石谷"朱文方印。

清代张问陶南台寺饮酒图轴

下面我们再来看一位四川的画家张问陶（1764~1814年），他是四川遂宁人，号船山，又号蜀山老猿。他在乾隆五十五年（1790年）中进士，曾任山

统派山水画中成就最高的。其中的王翚（1632~1717年）是江苏常熟人，字石谷，他是四王中技法最全面的。

东莱州知府，辞官后长年侨寓吴门。他不仅是个画家，更在清代诗坛上占有一席之地，主张诗歌应该写性情，有个性。他的书法接近宋代米芾的风格，写生画近似明代的徐渭。

他的南台寺饮酒图轴为纸本水墨，纵138.2厘米、宽52厘米，描绘了乾隆壬子年（1792年）四月四日这一天，自己和好友一同到成都城南的南台寺饮酒游玩的情景，真实地勾勒出了四川文人生活的一个侧面。这是一个初夏的黄昏，天光渐暗。成都南郊的锦江江畔浓荫匝地，翠竹亭亭，南台寺就在竹林深处。历历阑干内，数人推盏行令，酒意正浓。画心有画家题诗一首，诗言"南台寺神皆木偶，君我百年谁不朽。人间相遇殊可怜，消遣聊凭一杯酒。……墙头风竹十万枝，四围天阔斜阳

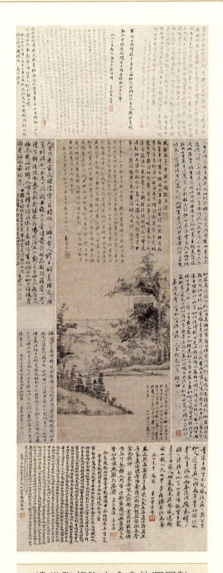

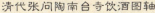

清代张问陶南台寺饮酒图轴

带你走进博物馆

带你走进博物馆

张问陶南台寺饮酒图轴题诗

（2）花鸟中的真情真性

花鸟是中国画独有的一个画科，它注重意境的表达，强调寄兴抒情、托物言志，与西方的静物画和动物画都有很大区别。花鸟画独立于唐代，在宋代发展成熟，画法既有精致细腻的工笔，又有简练奔放的写意。到了明代，徐渭用写意花鸟表达个性情感，实现了突破。而清初的朱耷更把这种画法发展到了史无前例的高度。清末直到近现代，画家们从深厚的传统中吸取精华，又创造了新的时代风貌。

迟。中年渐近急行乐。君不见，日景移时成古时"。这一年张问陶年仅二十八岁，正是指点江山之时，却已有岁月流逝，不胜今昔之感。此画前后经过多人收藏，画上有蜀中名士吴之英、廖季平、龚煦春等人的题记。

清代朱耷猫石葡萄图轴

朱耷（1626~1705年）是明代皇室后裔，明亡后出家做了和尚。他经历了国破家亡之痛，满怀悲愤，因而性格倔强，行为狂怪。他给自己起过很多奇怪的别号，有"雪个"、"个山"、"驴"、"屋驴"等等，晚年最常用的是"八大山人"。这四个字被他连缀写出，像"哭之"，又像"笑之"。他对人生的态度，似乎就在非哭非笑，且哭且笑之间。他爱画白眼向人的鱼和鸟，枯萎的荷花，干涸的池塘。自然万物在他笔下的形象都很简略，又都有些走样，显出一副倔强、不服输的样子。这幅猫石葡萄图轴为纸本水墨。画心纵190厘米、横49.5厘米。画面构图很简洁：一块头重脚轻的石头，一只拱着脊背闭目养神的懒猫，一棵突兀的葡萄老藤，根部看似脆弱，可是叶子却呈现出苍润的生机，颗颗果实就像瞪大的眼睛。猫的脸上只点了几个虚虚的墨点，眼睛鼻子连在一起，像倒放的"几"字形。落款是"八大山人写"，下钤"可得神仙"、"黄竹园"白文方印。

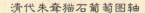
清代朱耷猫石葡萄图轴

带你走进博物馆

带你走进博物馆

清代朱耷芙蓉双鸟图轴

此画为纸本水墨。画心纵190厘米、横49厘米。画上有两只很像鸭子的禽鸟，一只缩着脖子俯卧在地，一只伸着颈子立在一旁。它们都鼓着圆圆的眼睛，黑眼珠顶着眼眶，眼神似乎含着轻蔑。坡岸上零零星星长了些草，立着一棵枯树。禽鸟的上方，半边山崖沉沉地压住了天空，崖上怒放着芙蓉花。构图上，山岩、怪石、枯树都被安排在画面边框，造型都不完整，有向外延伸的感觉。朱耷把冬日常见的枯草、寒鸟、干枝、落花安排在一个画面中，挥墨粗犷率性，令人只觉满纸的荒凉寂寞，扑面而来。

清代朱耷芙蓉双鸟图轴

近代陈衡恪紫藤图轴

近代画家陈衡恪（1876~1923年）又名陈师曾，号朽道人、槐堂，是江西修水人，也是史学大师陈寅恪的长兄。他才华横溢，诗文书画无一不通，可惜英年早逝。他的写意花卉师承陈淳、徐渭，结合写生，别具新格。

这幅紫藤图轴，密处太密，疏处太疏，构图实为险中求胜。因为密处不乱：花自开着，叶自青着，从容、气定神闲。看久了，恍惚间叶密处似有小风，扑簌簌地过去；疏处亦不空：根部的茎，墨用得最浓，上面留白的小诗，意思流宕，书法也风流。全幅看似粗率，实则步步经营，缺一处不可。所谓"疏可走马，密不透风"的最高境界，就在这一挂春天的紫藤中了。小诗下落款"师曾"，钤朱文印。

近代陈衡恪紫藤图轴

（3）扬州八怪的书画

"扬州八怪"也叫扬州画派，但却并非只有八位画家，而是指清代中期活跃在扬州一带的十几名风格相近的画家。他们常年寄寓扬州，多数靠卖画为生。这批画家性情不同，画风也不尽相同，但对艺术有很多共同的看法。比如：他们都反对盲目地照抄古人，主张作画不拘泥于形似，以"寄意"为主；他们多画花鸟人物题材，少画山水；他们都是中下层文人，作品都在扬州书画市场上售卖；他们各有一段坎坷的经历，对官场不满，以清高自居；他们还都喜欢在自己的画上题字，甚至长篇诗文。"八怪"中最著名的是郑板桥，不过诗文书画成就较大的，还当推金农和李鱓。

清代金农隶书中堂

金农（1687~1764年），字寿门，号冬心，一生为布衣，书画成就皆高，为"扬州八怪"之首。他融合汉隶、魏楷创造出一种"漆书"。即把毛笔尖锋剪去，书写时铺平如扁刷，从而将字的点画破圆为方，横粗直细，似用漆帚刷成。这种以拙重为妍巧的字体，魄力

清代金农隶书中堂

沉雄，深得古拙的意趣，又兼有作画的笔意和金石篆刻的风貌，是对古隶的一种创新。此隶书轴为纸本，结字方整淳古，体势沉雄稳健，是金农六十四岁高龄时的力作。

清代李鱓梅花图轴

梅花凌霜盛开，清香馥郁，在中国古代文人心目中是高尚人格的象征。古代咏梅诗很多，梅花图也不计其数。李鱓（1682年~？）的这幅双钩墨梅，画心长120.8厘米、宽62厘米。画中写老梅一枝，主干用枯笔焦墨皴擦，浓墨点苔。梅花用细笔双钩，间点花蕊。画面着笔不多，显得疏朗秀润。画上自题七言律诗一首，其中有言："一枝重叠寿阳妆，是我毫端作态狂。若在灞桥童子背，应多诗句满奚囊"，用孟浩然踏

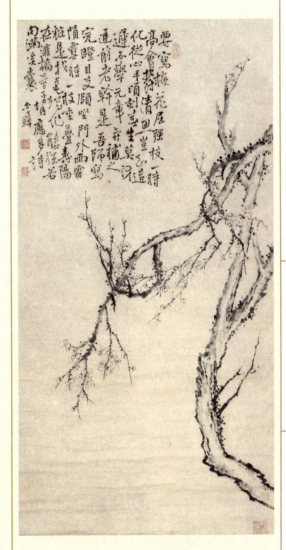

清代李鱓梅花图轴

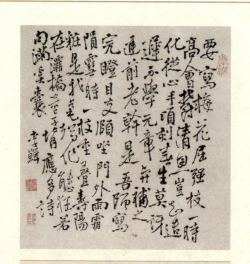

李鱓梅花图轴自题诗

雪寻梅赋诗的典故，点出画面主题。画面上诗画交辉，木清花瘦之间，仿佛有雪意溢出画面之外。

（4）清代闺秀的妙笔

相较以前历代而言，明清两代有更多的女子在闲暇时从事绘画艺术，留下了一定数量的作品。由于当时的文化环境、生活环境以及伦理规范等因素限制，这些女性画家大都没有形成自己独特的艺术风格。但她们在创作中总能自然地倾注个人的真情实感，使作品带有一种女性特有的细腻情愫。

清代归淑芳花卉扇面

女画家归淑芳的生平我们所知甚少，只知道她嫁给了一位名叫高阳的画家，夫妻二人一同归隐，吟诗作画相伴

清代归淑芳花卉扇面

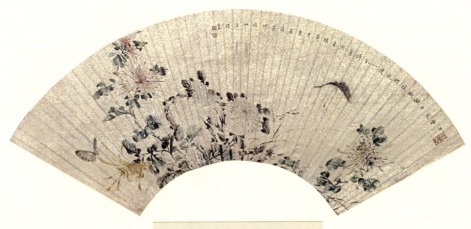

清代左锡嘉花卉扇面

带你走进博物馆

一生。她的存世作品屈指可数。川大博物馆收藏的这幅花卉扇面，纸本设色。主体为一把造型古朴的酒壶，及一枝妖灼的春桃。自题："为此春酒，以介眉寿。"春日情致，盎然画外。

清代左锡嘉花卉扇面

左锡嘉生活在清代晚期。她工诗善绣，花卉学恽南田的没骨法。这幅花卉扇面，裁取秋日小景，丛菊怒放，墨蝶嬉戏，以清雅之色，走空灵之笔。画上的题字说明，她是在一个夏日，把"蝴蝶经秋瘦一分"这句诗文的意境写成了扇上的丹青。

（5）民国风俗画卷

宫廷绘画、文人画和民间绘画始终是中国绘画的三大主线。民间绘画作者的身份只是寻常工匠，淳朴活泼的画面中反映的则是普通百姓的愿望。

带你走进博物馆

民国十殿图轴

中国民间有"地藏十王"信仰，认为人死后会进入阴间，受到阴间十殿阎王的公平审判，根据其生前的功过善恶，受到褒奖或惩罚，最后得以轮回转世。十殿分别为秦广殿、楚江殿、宋帝殿、五官殿、森罗殿、卞城殿、泰山殿、都市殿、平等殿和转轮殿。民间喜欢把这些想象画成图画，张挂在道观寺院，告诫世人行善积德，少做坏事，以免到了地狱受到苦刑的折磨。四川大学博物馆藏有"十殿图"一套，为十幅组图，画心尺寸均为纵161厘米、横88厘米，大概是由民国初年的成都民间画工绘制。与传说中阴森恐怖的地狱景象不同，这套绘画的用色反倒是比较鲜丽明快的，画中有阎王、鬼怪以及地狱的整个办公场面；有社会中的三教九流，诸色人等各自在阴间等待和接受审判的情景；也有林林总总、千奇百怪的各种刑

民国十殿图轴

罚，受刑者中不乏高官贵人。画中表现出丰富的想象力，同时也折射出人间社会的种种问题，除了艺术价值外，更具有重要的社会学、风俗学研究价值。

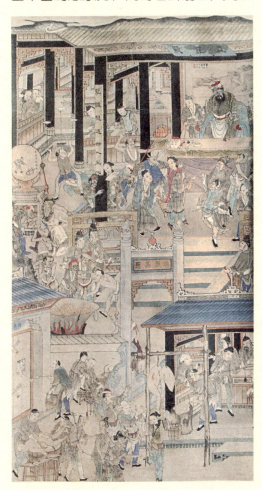

民国十殿图轴

民国十殿图轴

带你走进博物馆

6. 针线铺缀的浮世色调
——晚清、民国服饰

四川的蜀绣历史悠久，与苏绣、湘绣、粤绣齐名，是中国四大名绣之一。出自成都、绵阳等地的华裳彩帐从西汉时期起就已经名满天下，为昔日中华帝国的容颜添上了一抹光华。荆楚的锦绣、边疆的花纱，都只是过往的残片，与它们相比，四川大学博物馆收藏的清代蜀绣实物保存完好，仍然鲜艳光亮、平整如新，是中国服饰史的重要资料。其中，晚清到民国的服饰，在满汉交融、西风东渐的背景下，从工艺式样到花色图案都极尽富丽繁缛之能事。末代王朝的浮世风貌，被那个时代的无数女子，针针线线地绣织在那些光色交错的袍褂环佩、裙衫钗袜之中，引发着观赏者无限的感叹和遐思。

清代蜀绣文四品梅花地雁青缎补子

清代蜀绣文五品八宝白鹇青缎补子

（1）衣上的官衔——补子

明、清两朝，大大小小的官员，无论堂堂一品宰相，还是不起眼的七品县令，他们的官衔都在官服上带了标记。这种叫做"补子"的东西，有方的，也有圆的，缝缀在颜色素净的官服前后，像是两块硕大的补丁。补子上面绣着各种动物纹样，用来代表不同的官阶。文官绣禽鸟，武官绣走兽，所谓"衣冠禽兽"的典故，其实就是从这里衍生出来

的。补子上通常还绣有一轮红日，象征朝见皇帝；大片海潮，寓意在朝为官。

清代补子

根据《大清会典》记载，清代文官所用的补子图案为：一品鹤，二品锦鸡，三品孔雀，四品雁，五品白鹇，六品鹭鸶，七品鸂鶒，八品鹌鹑，九品、未入流绣练鹊。武官为：一品麒麟，二品狮，三品虎，四品五品熊，六品彪，七

清代蜀绣文六品三鹇鹭鸶青缎补子

清代蜀绣文七品彩云鸂鶒青缎补子

清代蜀绣文九品祥云练鹊深紫缎补子

品八品犀，九品海马。这使我们得以对照出这些补子各自属于什么样的官员。

（2）挂在寿堂的软缎
文绣——寿幛

《诗经》里说，"如月之恒，如日之升。如南山之寿，不迁不崩。"在中国古代，每逢老人、长辈过生日，人们都要大摆酒席，亲朋好友齐聚一堂为老人祝寿。祝寿时要布置寿堂，寿堂的

正壁上通常要挂大幅的寿幛。寿幛大多运用绸缎、绢布或丝绒等布料制成，一般为红色，上面绣着文字或吉祥图样，风格雍容华贵，以衬托寿筵的喜庆气氛。民间为男子做寿，一般挂福禄寿三星图；为妇女做寿，则多挂麻姑像。

清代蜀绣三星图寿幛

清代蜀绣三星图寿幛

这是光绪年间（1875~1908年）的作品，高183厘米、宽121厘米，以红色缎面为地，用十几种深浅不同的丝线绣出。禄星头戴乌纱帽，左手怀抱如意，面带微笑；福星头戴学士巾，抱着一个调皮的孩童，孩子的右手正抓向寿星手中的仙桃；白须飘飘的老寿星手拄龙头杖，笑呵呵地拿着仙桃逗孩子；寿星前面有一名梳抓髻的童子，拍手顿足，神情天真。整幅画面洋溢着欢乐的气氛，其浓厚的世俗生活情趣是四川民间刺绣中特有的。

清代蜀绣麻姑献寿图寿幛

这幅蜀绣麻姑献寿图高177厘米、宽84厘米，画心以柔软质密的红缎为地，用色浓丽。画中的麻姑鬓发如云，

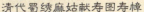
清代蜀绣麻姑献寿图寿幛

俏脸生晕，粉衣青裙，弱质风流。她肩上挑的果篮里盛着桃子、石榴、佛手三种水果。麻姑的左右两侧，一只仙鹤张口回首，一只梅花鹿探出半边身子，颇具生趣。人物上方有金线绣成的龙和蝙蝠，具有强烈的装饰意味。整幅作品用多种颜色的丝线一层层绣出晕染的效果，有浮雕般的立体感。它的设色体现了蜀绣亮丽鲜艳的特点。

（3）清代女子的衣与鞋

清代女性在社会上的地位远远不能与今天相比，重重清规戒律之下，她们的穿着打扮也没有多少自由可言。例如：清代女子平日都穿着宽袍大袖的衣服，把身体严严地掩盖起来，即使再曼妙的身段也无从彰显。一个女子如果没有从小缠出一双小得不可思议的脚，更要受到旁人的嘲笑，甚至社会的谴责。

清代蜀绣平金龙凤八宝红缎袄

这段历史在流传至今的清代女性服饰中得到了清晰的再现。

清代蜀绣平金龙凤八宝红缎袄

这件蜀绣缎袄衣长100厘米、通袖长160厘米、袖口宽51厘米。红缎面，蓝绸里，圆领，右衽大襟。胸背正中以五彩丝线和金线各绣正龙一条，腰帷前后和两肩绣团龙六条，这些龙全都张着口，吐出火珠。袖口绣飞凤四只。龙凤纹四周有流云、蝙蝠、莲花、法轮、花篮等吉祥图案，衣襟下摆绣寿山福海。在这件袄上运用了平金、盘金、晕针、飞针、插针、绩针、撒针等多种针法，配色鲜艳而不失柔和。

清代蜀绣花卉青缎弓鞋

中国妇女缠足的风气始于五代（907~960年），相传始作俑者是一名叫窅娘的女子，她是南唐后主李煜宠爱的舞娘。正所谓上行下效，此风一开，不可收拾，以后历代妇女都以小脚为美。到了清代，缠足普遍盛行。汉族妇女多着弓鞋。弓鞋的长度一般在12~15厘米之间，鞋底弯曲，形如弓月，号称"三寸金莲"。和官服上的补子一样，三寸金莲也曾是颇具"中国特色"的东

清代蜀绣花卉青缎弓鞋

西，它承载着一段历史，书写了一些值得探究的人类心态。

这双鞋高17.5厘米、鞋底长15厘米、宽5厘米，这确实是人们难以想象的大小。鞋尖微翘，内翻作勾云式，鞋面为绣花青缎面，鞋帮以几层丝绸连缀，高如短靴，其上镶以花边。鞋底用麻布，鞋跟内衬以木片，起垫高和加固作用。鞋子秀巧玲珑的外表下，隐藏着缠足女子的种种不便和苦楚。

7. 秘界
——来自康藏的艺术

川大博物馆收藏的藏族文物主要来自于四川藏区，包括数百幅以康区绘

藏族文物展厅

画艺术风格为主的唐卡、各种密宗的铜质造像、藏区土著宗教和藏传佛教不同教派的各类经书、各式宗教法器，以及洋溢着浓郁藏族风情的各类日常生活用品。这些藏品使四川大学博物馆成为海内外闻名的藏族文物收藏中心之一。

（1）威慑与悲悯
——藏密佛教造像与法器

佛教传入西藏后，金属冶炼和铸造之法被广泛地用来制造各种造像及法器。造像的面容、身姿、装饰，手中所持的器杖等，都必须严格地遵守密宗的教义。在工艺和造型手法上，藏密的技师们把印度、尼泊尔和汉族地区的特点融为一体，形成了自己独特的风格。

明代降阎魔尊像

明代降阎魔尊像

金刚、明王、护法神造像是藏密佛教造像艺术中最生动的部分，人们认为，他们愤怒的神态具有灭绝世间阴毒、护佑佛法的威慑力量。降阎魔尊是

带你走进博物馆

密宗的护法神之一，他的形象是牛头人身，所以俗称"牛头金刚"。这尊降阎魔尊像铸造于明代，通高18厘米。这个护法神头戴骷髅冠，手持金刚杵，身披人头饰，脚踩双角兽，兽身下面还压着赤身裸体的作恶者。降阎魔尊面容凶悍，一副"叱咤浩然"的样子，身躯轩举，有"山岳临发之势"。造像整体气势慑人，细细观看，还似乎带有某种难以言喻的神秘力量。

清代大鹏金翅鸟像

大鹏金翅鸟是佛教的护法神"天龙八部"之一。传说它专门以龙为食，神力无比。在藏族人眼中，大鹏鸟是一切智慧愤怒的部主，可以帮助自己消除一切障碍，增长福、禄、寿、财和智慧。

这尊大鹏金翅鸟像通高18厘米，黄铜鎏金，主尊与莲座是分开浇铸而成再连接到一起的。主尊威风凛凛地站立在覆莲台座上。它头生两角，头顶竖立着象征忿怒的红发。三眼圆睁，发出峻厉的清光，象

清代大鹏金翅鸟像

征智慧。刚硬的鸟嘴含着一条长蛇。双臂伸开，双手捏住蛇的首尾，意味着降伏龙族。下肢微屈，脚下踩着被它降伏的邪魔外道。一双翅膀在身后展开。这便是所谓"金翅鲲头，星睛豹眼"的造型。这尊造像的细部纹饰刻画得十分细腻，如蛇体上的花纹和鸟的羽毛都非常逼真，是罕见的珍品。

清代五佛冠

五佛冠象征"五智如来"，一般是藏传佛教寺院的高僧在举行重要宗教法事活动时所戴。此冠高26厘米，由冠叶、冠檐、冠盔、冠柱等构成。冠叶有五片，每一片都形如一个莲瓣形的佛龛，龛中有一尊佛像结跏趺坐在莲台上。冠檐正中是一个头戴僧帽的趺坐高僧。冠盔中央是圆柱状的塔形冠柱。整

清代五佛冠

个佛冠由卷草、祥云、团花、莲花、仙鹿等动、植物纹样环绕，备显华贵。这顶佛冠是用优质铜皮精工捶拓、雕镂、刻划而成，做工精巧细腻，是藏族铜器制作工艺中的上乘之作。

（2）佛画灿烂——唐卡

唐卡，是藏族人特有的一种挂轴画。一般采用矿物质颜料绘在布或者丝

带你走进博物馆

帛上面，再用彩缎装裱而成。唐卡的内容多以宗教题材为主，少部分反映民间生活。藏区各地的唐卡因其画风不同而表现为不同的流派。

清代莲花生大师唐卡

清代莲花生大师唐卡

莲花生大师是藏传佛教的创始人。八世纪时，吐蕃王赤松德赞因为创建佛教寺院桑耶寺受阻，便派遣使者到尼泊尔迎请印度高僧莲花生大师。莲花生到吐蕃后，帮助吐蕃两代王朝治理朝政，制定法律，传授佛学，最终创立了藏传佛教，被尊为"佛陀第二"。这幅莲花生大师唐卡属于康区绘画风格，线条明快简洁，用色浓重强烈。画心高196厘米、宽141厘米。画面中的莲花生大师头戴僧帽，身披袈裟，神态既温和又威武，即所谓"文武兼备"。他右手执三尖金刚杵，左手平端镶寿瓶颅器，国王坐姿。

清代十一面千手千眼观音唐卡

观世音在藏语叫做"冈金贡保"，意思是藏地的保护神。藏传佛教中常见的观世音造型是千手观音与十一面观音的组合。千手表示护持一切众生，千眼表示观照一切众生，有大慈大悲、法力无边的意思。这幅唐卡中的观音共有十一个面相，分为五层，从下往上看，第一、二、三层各有三面，分别呈现微怒相、喜悦相、慈悲相和悲哀相。第四层是两面（有时也画成单面），呈大怒明王像。第五层称为顶严，红色，这是观音菩萨的本来面目，也是阿弥陀佛的化身。这尊观音像还生有四十只手，手里拿着宝珠、锡杖、梵鱼、莲花等文武标识。每只手上又各有一眼。四十只手乘以"二十五有"，即成千手千眼。通常认为，观音的多个面相，正意味着人间众生的诸多面相。而观音总能详尽这些复杂面相中所包含的一切悲喜，并化解一切。

清代十一面千手千眼观音唐卡

带你走进博物馆

清代象鼻天唐卡

象鼻天是来自印度的神祇。人们相信尊奉此神可令自己财富丰足，吉祥如意。直到

清代象鼻天唐卡

今天，每年的八、九月间，印度各地都要举行历时十天的大规模庆典，纪念象头人身的神祇伽内什（Ganesh）的出生。西藏的密宗佛教里也有这位象鼻天，又称"大圣欢喜天"，被奉为财神。

此幅象鼻天唐卡画心高163厘米、宽103.5厘米。主尊象头人身，有三只眼睛、十二只手臂，手中分别握着战斧、弩箭、金刚杵、颅骨碗等法器。身后有火焰式背光。他通体赤红，面色瓷青，足下踏着一只灰鼠。与铜质造像中象鼻天常有的"寂静相"不同，此像身形庞大，张口咆哮，面相恐怖，很具有威慑力。

8. 四川的少数民族
——铜鼓·皮甲·经卷

四川是一个多民族的省份，除汉族外，还有彝、藏、羌、苗、回、土家、傈僳、纳西等十几个民族。这些民族散布于四川的奇山幽谷之间，文化传统各具特色，构成了一幅色彩斑斓的西部民族风情画。川大博物馆收藏的少数民族文物具有浓郁的地域特点。由于都是早期的藏品，大多数文物即使在今天的少数民族聚居地也已经很难见到。

(1) 南方少数民族的独特乐器——铜鼓

青铜铸造的鼓，是我国古代南方少数民族特有的一种打击乐器，也是他们生活中财富和权力的象征及顶礼膜拜的神器。大约在两千七百多年以前的春秋时期，云南中部地区的百濮

南朝铜鼓

南朝铜鼓鼓面

民族就有了铜鼓，之后又逐渐向周边地区传播开来，被我国西南、东南中部等地的许多民族所使用和传承。铜鼓外形通常如一口倒扣的平底束腰的大锅，鼓面一般装饰有颇具象征意义的纹饰，如代表太阳崇拜的太阳纹、代表雨水崇拜的蛙纹等等。

南朝铜鼓

这面铜鼓高34厘米，根据其形制和纹饰，推定铸造时代大约在南朝，是目前存世较早的铜鼓。对比其他晚近的铜鼓而言，它的造型风格和纹饰都比较质朴。鼓面呈圆形，鼓胸外凸，鼓腰略束，鼓足直，足底略向外撇，胸腰之间附有四耳。鼓面中心为太阳纹，向外放射出十一道光晕。光晕间装饰着叶纹、联珠纹、短线纹、游旆纹、飞鸟纹等。鼓面边缘铸出四只青蛙。鼓足有一周篆书铭文，其中包括"大汉昭烈贰年"的

南宋彩绘铜鼓

南宋彩绘铜鼓鼓面

字样，但是专家认为这圈铭文很可能是更晚的人刻上去的。

南宋彩绘铜鼓

这面鼓高29厘米，鼓的四耳较高，胸略鼓，腰略束，足略撇，鼓身过渡平滑。鼓面中心为太阳纹，有十一道晕纹。第七到第九晕，分涂朱、墨、赭三种颜色。从鼓胸到鼓足，饰有乳丁纹、云纹、变形鸟纹、锯齿纹等。鼓面正中敲击的痕迹十分明显，说明这面鼓在历史上曾被使用过很长的时间。

（2）彝族皮甲

髹漆工艺是彝族的一种传统手工艺。博物馆陈列的清代彝族武士皮甲，就是颇具代表性的彝族漆器制品。

清代彝族皮甲

带你走进博物馆

皮甲局部

清代彝族皮甲

这套皮甲是从四川凉山地区征集来的。它是用野牛皮制成的，经过曝晒、髹漆和桐油浸泡等技术处理，已经坚硬得像铁一样了。制作者根据身体需要保护的不同部位，裁出大小不同的革片，革片之间用皮绳连缀，以便灵活运动。整件皮甲髹黑漆，用红、黄两种颜色髹绘出羊角纹、鱼骨纹、几何纹和阴阳太极纹等有着特殊象征意义的图案装饰。这套皮甲罕见地完整，除了身甲外，还包括头盔，护腿，护臂、护腕、腰挎、军刀、箭韣等几个部分。头盔上残留的几道触目惊心的刀痕，仿佛述说着当时战场厮杀的惨烈。

（3）纳西族的经卷与卷轴画

纳西族人民在长期的历史发展中，创造了独具特色的东巴文化。四川大学博物馆收藏有纳西族的象形文经书《创世纪》、木制象形文十二生肖牌以及布制的东巴文卷轴画等，是研究纳西族悠久历史的珍贵资料。

清代东巴文经卷

东巴文是纳西族保留下来的一种象形文字，被称为"人类文字史中的活化石"。纳西

东巴经卷是用东巴文手写而成，这些文字看上去就像一幅幅有趣的图画。《东

东巴文经卷封面

东巴文经卷内页

经卷上的东巴文字

带你走进博物馆

巴经》卷帙浩繁，是纳西族的宗教经书，也是研究纳西族社会历史发展、语言文字和宗教信仰的宝贵资料。这一册东巴经卷手写于清代（1644~1911年），共四十页，主要讲述东巴经师占卜之事。

清代东巴卷轴画

东巴卷轴画是纳西族在本民族传统绘画的基础上，借鉴了藏、汉等民族的绘画技法，又吸收了佛、道文化元素，特别是吸取了元、明以来藏族唐卡造像艺术的特点，形成的一种新的绘画形式。博物馆收藏的这件东巴卷轴画绘

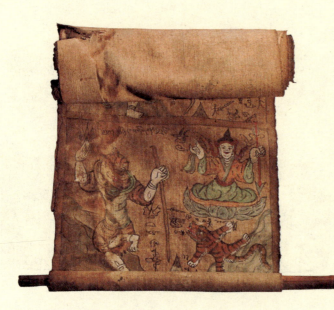

清代东巴卷轴画

于麻布上，全长3米、宽25厘米，上下设天杆地轴。画卷由十三幅分格连环画组成，共描绘了三十多个人物、神怪及动物形象，奇异诡谲，朴实生动，具有强烈的原始意味。许多画面亦字亦画，仍保留着浓郁的象形文字书写特征，反映了纳西族灵魂不灭的生命意识和完善人生的伦理观念，对于研究人类原始绘画艺术有重要价值。

9. 好一场繁华旧事
——花轿·仪仗·抬箱

中国古代，婚姻是人生大事，必须遵循严格的规范。一直到了清代，具

民俗学展厅中的清代婚嫁用品

带你走进博物馆

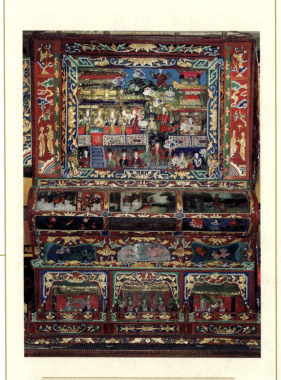

花轿侧面的彩扎与玻璃内画

体的行聘订婚议程，仍未超出周朝《仪礼·士昏礼》所说的"纳采、问名、纳吉、纳征、请期、亲迎"的"六礼"范畴。漫长的婚礼过程中，最热闹的莫过于迎亲。迎亲之时，细乐频奏，箱笼列行，爆竹震天，街衢喷红。里巷众人无不欢呼雀跃，争相围观。旧世之最繁华事，莫过于此。从清末到民国，无论是新娘子坐的花轿，还是壮声势的仪仗，送妆奁的抬箱，甚至鼓乐队，都是由男家提前从轿行里租来的。那时的轿行，恰如今天的婚庆公司。

四川大学博物馆民俗厅里就陈列着这样一套婚嫁用品。包括一顶花轿，一个画着阴阳太极图的牌示，四个绘有"㸚"形图案的执事牌，四个顶部雕刻成凤凰头的灯杆，四件绘着双鱼图案的抬箱和四顶轿夫所戴的彩绘竹编帽。它们是1956年从成都一家名为"鸿发号"的民间轿行收购的。抬箱上用毛笔书写的"上草市街"、"鸿发号"、"萧记"等字样，至今仍清晰可见。

清代木雕花轿

木雕花轿呈正方形，长1.01米、宽1.05米、高2.02米。木质穿斗式，四角攒尖顶，可拆卸装箱。它在制作上采用了木刻、彩扎、玻璃画、朱漆贴金、银绘、髹涂等多种民间工艺，重彩装饰。轿顶用弹簧固定了约七十面小圆镜，周围刻着飞龙、花卉、火焰图案。轿窗玻璃内装饰着彩扎戏台，演绎众仙为王母、玉皇祝寿的故事。轿身两侧镶嵌覆瓦状玻璃内画，绘红宵姻缘、拜新月、三难新娘等戏曲场景。整个花轿几乎全面封闭，仅在轿门处挂两幅厚重的缎面轿帘以供新娘出入。这顶花轿以金、红二色为基调，色彩鲜艳，装饰繁丽，望之喜气洋洋，热闹非凡。旧时成都女子出嫁的排场，由此可见一斑。

花轿门帘上的蜀绣人物故事画

花轿背面的彩扎戏台

彩扎戏台人物

带你走进博物馆

带你走进博物馆

10.掌顾之间
——民间雕刻工艺品

四川大学博物馆收藏竹木牙角器数百件，皆为收购或获赠于上个世纪三十年代。多数未刻款识，具体的年代与作者均无从查考，但可以肯定大部分为明清时的器物，以清代为主。这些玲珑小品，除笔筒、臂搁等，一般没有实用价值。它们或陈设于茶肆华堂，或清供于书香几案，以山水为题，则气象万千，生气盎然；取材人物、花鸟，则纤毫俱备，神韵精绝。拟万物之态，得自然之魂。传统之意趣，就在这一刀一刻、勾填划抹间，淋漓尽现。

螭纹犀角杯

犀角作为稀罕之物，早在商代就常被雕刻成各式各样的酒杯，那时的犀角杯叫做"兕觥"。明清时期，犀角雕更为盛行。这件犀角杯高11.8厘米，形如一朵怒放的马蹄莲。杯身分三段，以两道凸弦纹分隔，中段与下段分别阴刻云纹与焦叶纹。杯身一侧从杯底到杯沿镂空高浮雕一条螭龙，指爪蟠曲纠结

螭纹犀角杯

紧扣杯身，头微微高出杯沿，似乎正准备探进杯内饮酒；另一侧有两条浮雕小螭，两头相向攀爬在杯壁上，似在游玩嬉戏。

木雕韦驮像

韦驮是佛教天神，传说为南方增长天王的八神将之一，能够救济一切众生。这件木雕韦驮高50厘米，据推测为唐代作品。韦驮虚眉朗目，容貌壮伟，手叉腰间，身体稍稍前倾，势若从天而降。身上甲胄鲜明，纹饰繁缛。铠甲腹部前的浮雕怪兽形象凶悍，张口瞪目，令人陡生凉意。甲胄紧裹的身躯显得极为健硕，肌肉充满贲张的力感。整个造型圆浑饱满，气象雍容大度，刻工洗练，颇具盛世风貌。

木雕韦驮像

带你走进博物馆

根雕魁星

根雕魁星

　　魁星在中国是主管人间功名利禄的文运神。他通常的形象是一个赤发蓝面鬼，一手捧斗，一手持笔，站立在鳌头上，也就是"魁星点斗，独占鳌头"的意思。这件根雕魁星通高56厘米，造型扭曲夸张。魁星方脸鼓腮，一张阔嘴横扫脸颊，双唇紧抿。眼球骇然外凸，精光凝定，令人真觉其目光如炬，铁面无私。躯干奇长，随树根本身的结节凸鼓凹陷，显得极有张力。站立鳌头的腿未作过多修饰，直若老干虬枝，向下伸展，后翘的左腿更是形状难辨。这些处理都保存了树根原本的韵味，正所谓"妙在似与不似之间"。这件作品雕刻于民国，有着很强的艺术感染力。

牙雕花木兰像

这件象牙圆雕作品由葛维汉先生（David. Crockett. Grham，时任华西大学博物馆馆长）于1935年8月购于成都。高27.4厘米。作品巧妙地利用了象牙质地细腻坚韧、光泽柔和的特点，塑造了中国民间传说中一位代父从军的女中豪杰。粗粗看上去，花木兰头着毡缨，身穿戎装，腰悬长剑，足蹬蛮靴，手握长矛，像是一位英气勃勃的小将军。然而细审其脸孔，却有如丝秀发，如水双眸，耳垂双珰，鬓簪红花，分明又是一个娇俏佳人。刀法上主要采用阴刻和浅浮雕，运刀柔美流畅，线条细若游丝，打磨光滑圆润，颇似清代北京牙雕风格。其头发、眉眼、衣纹、革带等，更巧妙运用"茜色"装饰，染成淡黑，令人备感温雅秀净。

牙雕花木兰像

带你走进博物馆

剔红山水仕女纹瓶

剔红是中国传统漆器的一个品种，又名"雕红漆"或"红雕漆"。其法常以木灰、金属为胎，在胎骨上层层髹红漆，达到相当的厚度。在漆半干时描上画稿，然后再雕刻花纹。这种技法相传始于唐代，成熟于宋元时期，到清乾隆年间（1736~1795年）达到鼎盛。

剔红山水仕女纹瓶

这件剔红山水仕女纹瓶，通高11.5、口径5.4、底径7.8厘米。直口，圆唇，长颈直壁微收，鼓腹，圈足。颈身周匝的缠枝花层次丰富，如堆锦绣。腹身以菱形和回纹为地，浮雕出群山连绵、树木青葱、流波荡漾、人物留连的景致。四名女子或临水照影，或率意起舞，或垂眸沉思，各具情态。整个画面具有浓厚的装饰风格。

象牙扇

折扇最初起源于日本，大约在北宋中期经由高丽流入中国。这柄牙雕折扇边长26厘米，有十六档象牙扇骨，镂雕出人物、房屋和树木的图案。纸质扇面薄如细绢，描绘着淡紫色的远山，青葱的梧桐树，红楼下垂挂宫灯，明煌如炬。曲尺栏杆、琉璃回廊之间，锦衣

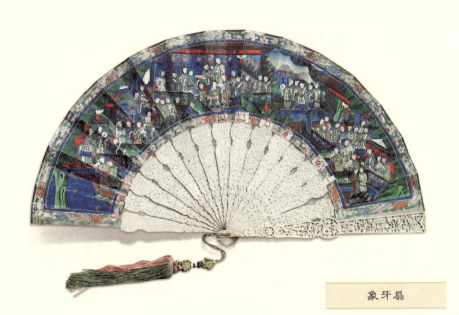

象牙扇

华服的男女或坐或站，三五成群，言笑晏晏。整个画面用色艳丽，浓蓝亮绿，和牙白的扇骨成鲜明对比。尤为难得的是，扇面上四十九个人物的面部都是用磨得极薄的象牙绘出五官后，粘贴上去的。从而更显得人物肤色莹润，容颜清丽。清代折扇多以竹、木为骨，以纸、绢为扇面，博物馆收藏的这一柄折扇，

象牙扇上的人物

不仅以象牙作骨，扇面更以象牙镶贴，在传世实物中极为罕见。

带你走进博物馆

带你走进博物馆

11.细说人间悲欢兴亡
——清末成都灯影

"一场变幻如春梦，线索重看傀儡嬉"。影戏，是用剪影来表演故事的戏曲形式。表演时，用灯光把剪影投射在幕布上，艺人在幕后一边操纵剪影，一边演唱，并配以音乐。影戏包括纸影戏、皮影戏和手影戏三种。四川人俗呼皮影戏为"灯影儿"。成都灯影大致形成于清代乾隆年间，被誉为全中国"最复杂的皮影"。

成都皮影以黄牛皮为原料，特点表现为：一、影子大，关节多，马尾制须，指掌分离，操纵起来宛转如意。人物的嬉笑怒骂，悉见于发际指端；二、雕刻影子仿川剧设计。生、旦用线简洁，柔和俏丽。净、丑一类，精勾细刻，线条繁密。道具布景白描填色，淡雅清新；三、影子用天然植物原料着色，层层渲染，色彩绚烂一如蜀绣云锦。

"地狱十殿"景片

四川大学博物馆收藏的皮影"地狱

民俗学展厅

成都灯影人物脸谱

十殿"景片，是国内皮影文物中罕见的
精品。这种景片是在演出《目连传》、
《放裴》、《焚香记》等鬼戏时，作

为舞台布景放置在影幕上的。全套由
三十九幅图像组成，分别代表了地狱的
十个殿，每个殿包含三到四幅图像的组

带你走进博物馆

带你走进博物馆

"地狱十殿" 景片

"地狱十殿" 景片

合，内容为阴间受刑场景、劝善和警世场景、戏曲故事场景。虽然是想象中的阴间，然而图像题材却普遍取自晚清社会中常见的人物和景物，相当的世俗化。其中的十幅戏曲场景最为华丽。演出时，全套景片一字排开长约20米，光影流动，气势撼人。这套皮影制作于清代光绪、宣统年间(1875~1911年)，是当时成都地区最活跃的高腔灯影戏班"春乐图"的作品。

"钟馗嫁妹"场景

这套"钟馗嫁妹"场景属于成都牛皮影中的小灯影。故事取自民间的钟馗传说。钟馗屡试不中，自杀后到了阴间捉鬼，甚是快意。后来想到尚在人间的妹妹兰英孤苦无依，于是就亲自作媒将她许配给了自己的生前好友。场景中表现在婚嫁吉日，钟兰英骑着马，小鬼们打

"钟馗嫁妹"场景及局部

着旗，背着酒壶，抬着嫁妆，钟馗在后压阵，吹吹打打发往男家。川剧《钟南山》即有"钟馗嫁妹"一出，是成都皮影戏班常演的剧目。

"苦肉计"场景

这套场景为成都牛皮影中的中型灯影。故事出自《三国演义》，为赤壁大战前周瑜施苦肉计破曹的片断。为了让曹操相信黄盖的诈降，周瑜与黄盖在群英会上假装发生冲突，甚至对黄盖动用了刑罚。只见周瑜英气勃发，作势欲打，老将黄盖叉腰挺立，一副对抗的样子。老实的鲁肃上前欲劝，诸葛亮洞若观火，稳坐太师椅，气定神闲，摆手阻止鲁肃。

"苦肉计"场景

"古城会"场景

"古城会"场景

　　这套"古城会"场景，是清代成都著名皮影雕刻家仲焕章的代表作品，属于成都皮影中的大灯影。"古城会"取材自三国故事。讲刘备、关羽、张飞三个结拜兄弟在徐州战败后离散，关羽被曹操收留，却身在曹营心在汉。他得知刘、张在河北古城后，便离开曹操前去寻找，突破了种种艰难险阻才抵达了古城。张飞疑他有诈不肯收留。恰好这时曹营大将蔡阳率兵追到，关羽奋力迎敌，斩蔡阳于古城郊外，解除了张飞的疑虑，兄弟相会于古城。川剧有《古城会》一出，为成都皮影戏班常演剧目。

带你走进博物馆

三、走出象牙塔的大学博物馆
——陈列·宣传·志愿者

现代社会的博物馆，文物的陈列展出是其生命力所在。让更多的观众走进来，是博物馆的首要义务。四川大学博物馆自首创之日起，就热心于文物的陈列展览和对外宣传。然而由于条件所限，博物馆在很长一段时间里一直没有独立的陈列空间，先后借用过四川大学图书馆、文史楼以及历史系办公室作为库区和陈列室，直到1994年才大有改

走出象牙塔的新馆

观，开始面向社会大众常年开放。到2004年，博物馆新馆落成，在国内高校博物馆中率先走出了一方象牙塔。崭新的川大博物馆楼群在学校东门外巍然屹立，气势恢弘，优雅而醒目，迅速成为府河南岸一道隽永的风景线。经过精心设计，新馆的陈列在吸收前辈优良传统的基础上更有所创新，馆内的空间氛围独具个性，极富魅力。就是在这样的空间里，不同时代、不同地域、不同类别的文物得以和谐共存，与参观者做着无声的交流。

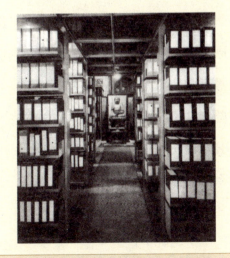

二十世纪四十年代学校图书馆深处的华西协合大学古物博物馆

带你走进博物馆

石刻艺术展厅陈列

民俗学展厅陈列

服饰艺术展厅陈列

　　除了固定的展出，博物馆还有系统有计划地组织着馆藏几万件文物的轮流换展，已经先后推出过革命文物展、道教文物展、三星堆早期文物展、近代纸币展、扬州八怪书画展、藏族噶孜派唐卡展、馆藏老照片展等临时性新展览。每次展览前，还会为公众免费安排与展览内容密切相关的系列学术讲座。为了进一步发展，近年来，四川大学博物馆积极致力于和海内外各种机构的合作，本着"请进来，走出去"的原则，先后引进过香港书画家佘雪曼书画展、挪威画家油画展等外展。在2006年法国文化年期间，举办了法国摄影家川西碉楼作品展。2007年春节大庙会期间，与武侯祠博物馆合作，举办了"霓裳艳影——四川大学博物馆晚清服饰展"。2008年，与香港城市大学中国文化中心合作，在香港举办"光影浮世——四川大学博物馆成都皮影展"。这些展览都曾经引起轰动。另外，博物馆还很重视与观众的互动和交流，针对不同年龄段的

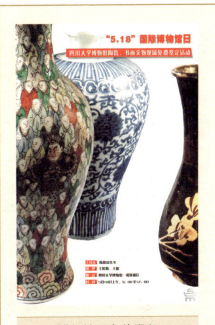

博物馆日宣传海报

志愿者在讲解

在香港城市大学举办
皮影艺术展的海报

带你走进博物馆

带你走进博物馆

霓裳艳影——四川大学博物馆
晚清服饰展海报

观众，经常性地安排各种文化演出和互动，如民间艺人道情表演、古琴表演、观众参与拓片制作等等。

自2006年开始，四川大学博物馆

发挥地处高校的优势，招聘在校学生组织起一支非常优秀的志愿者队伍。他们可以为预约参观的观众免费提供生动的讲解，甚至包括英、日、法、德等各种语种的讲解。以后博物馆还将随之推出会员制，邀请更多人参与馆内的各项工作，让大家共同关心博物馆的发展。2008年7月，博物馆的中英文网站（http://www.scudm.cn/）正式开通，界面高贵典雅，具有时代气息。网站设有

博物馆日拓片演示与观众互动

博物馆概览、馆内动态、陈列展览、藏品精粹、志愿者之家、学术研究、观众互动等近十个栏目，随时介绍博物馆的最新动态。

四川大学博物馆网站首页

结　语

　　四川大学博物馆经历了近一百年的发展，回首望去，能拥有今日的规模和成就，实属不易。虽然时境皆不同，然而展望未来，请允许我们借用郑德坤先生五十多年前为华西大学博物馆所作的未来规划，与国内博物馆界同仁共勉："吾人今之努力……务使此博物馆，成为中国标准博物馆之一……而主要目标系建设一近代化教育之圣地……甚至务使其成一国际学术研究之大本营，以促进全人类之合作、进步及永久之和平。"

本册主编：陈长虹

摄　　影：霍大清

责任印制：梁秋卉

责任编辑：刘　婕

图书在版编目（CIP）数据

四川大学博物馆／ 四川大学博物馆编著.–北京：文物出版社，
2009.3
（带你走进博物馆）
ISBN 978–7–5010–2682–1
Ⅰ.四… Ⅱ.四… Ⅲ.博物馆–简介–四川省 Ⅳ.G269.277.1
中国版本图书馆CIP数据核字（2009）第008993号

四川大学博物馆

四川大学博物馆 编著

文物出版社出版发行
（北京东直门内北小街2号楼）
http://www.wenwu.com
E–mail:web@wenwu.com
北京圣彩虹制版印刷技术有限公司制版印刷
新华书店经销
800×1230 1/24 印张：4.5
2009年3月第1版 2009年3月第1次印刷
ISBN 978–7–5010–2682–1 定价：25.00元